RATUS POCHE

COLLECTION DIRIGÉE PAR JEANINE ET JEAN GUION

Les imbattables

Le courage de Manon

Les imbattables

- La rentrée de Manon
- Le chien de Quentin
- Barnabé est amoureux !
- Le courage de Manon

 ISSN 1259 4652, ISBN 978-2-218-92911-3

Les imbattables

Le courage de Manon

Une histoire d'Olivier Daniel
illustrée par Pascal Gauffre

HATIER

La sorcière
Gaspard
Manon
Quentin
Léo
Barnabé
Fanny

Les personnages de l'histoire

Pour Gabriel.

1

Ce samedi matin-là, Quentin, Manon, Fanny, Barnabé et Léo, les imbattables, étaient réunis dans leur cabane.

Bientôt, une grande chasse au trésor commencerait, organisée par M. Razulec, leur instituteur. Plusieurs équipes y participeraient. Les membres de l'équipe gagnante seraient invités à passer deux jours dans un nouveau parc d'attractions.

– Je rêve d'aller dans ce parc ! s'écria Léo. Il paraît qu'il y a des dinosaures géants !

– Moi, je sais qu'il y pleut des bonbons,

répondit Barnabé le gourmand.

– On peut aussi monter dans une vraie fusée qui décolle, ajouta Quentin, qui avait souvent la tête dans les nuages.

– Et moi, je voudrais visiter le château hanté, dit Fanny.

– J'aimerais tellement aller dans ce parc, dit encore Manon.

– Oui, mais pour cela nous devons gagner la chasse au trésor, soupira Léo.

Les imbattables descendirent de la cabane et partirent en direction de leur école.

Arrivés dans la cour, ils écoutèrent M. Razulec :

– Bonjour les enfants ! Le but de la chasse au trésor est de trouver un objet mystère. Je vais donner à chaque chef d'équipe quatre enveloppes. Celles-ci contiennent des instructions qui vont vous permettre de découvrir quel est l'objet mystère. La première équipe qui me rapportera cet objet aura gagné. Maintenant, venez prendre vos enveloppes !

Fanny bouscula Léo et passa devant lui pour prendre les enveloppes destinées au clan des imbattables. Léo protesta, mais trop tard. Pendant ce temps, Gaspard, le fils de M. Razulec, prit quatre enveloppes. N'ayant aucun ami dans sa classe, il avait décidé de former une équipe à lui tout seul.

– Il faudra le surveiller de près, chuchota Barnabé. C'est un tricheur.

Soudain, Quentin vit Kimberley, sa

Quelle attraction Fanny rêve-t-elle de visiter ?

sœur jumelle, s'avancer vers l'instituteur pour prendre quatre enveloppes. Il fronça les sourcils. Car Kimberley était la chef des murènes, une bande terrible dont faisaient aussi partie Franck et Victor, qui n'avaient peur de rien.

– Mauvaise nouvelle, murmura Quentin à l'oreille de Manon : les murènes participent également à la chasse au trésor.

– Alors le combat va être très difficile, soupira Manon, contrariée. Franck, Victor et Kimberley sont tellement méchants !

Kimberley avait même un jour bousculé son frère dans un escalier et il était tombé. Depuis ce jour-là, il boitait.

– Attention ! cria M. Razulec. Départ de la chasse au trésor ! Ouvrez la première enveloppe. Que la meilleure équipe gagne !

Fanny ouvrit l'enveloppe n° 1, en sortit
une feuille et lut à haute voix ce qu'il y
avait écrit dessus : « *Le premier indice est* 1
*dans les mains de l'homme de la maison au
chat jaune.* »

Les imbattables écarquillèrent les yeux 2
et se regardèrent tandis que Gaspard et
Kimberley finissaient d'ouvrir leurs enveloppes. Tout à coup, Fanny déclara :

– Nous allons sonner à toutes les portes jusqu'à ce que nous trouvions la maison au chat jaune.

– Attendez ! fit Léo. Je crois me souvenir avoir vu cette maison quelque part. Laissez-moi réfléchir une minute.

– Nous n'avons pas le temps, répliqua

Fanny d'un ton sec. Allez, en avant, les imbattables !

Elle fit signe à ses copains de la suivre. Gaspard et les murènes venaient de quitter la cour de l'école. Léo, vexé de ne pas avoir été choisi comme chef de son clan, shoota dans un caillou et marcha loin derrière ses amis, pour bien leur montrer son mécontentement. Il était sûr qu'avec Fanny aux commandes, les imbattables ne pourraient pas trouver l'objet mystère et ne gagneraient donc pas la chasse au trésor. Pour lui qui rêvait de voir les dinosaures géants du parc d'attractions, ce serait une très grande déception. 3

2

Fanny appuya sur la sonnette d'une maison, dont l'une des fenêtres s'ouvrit bientôt sur une jeune femme. Fanny lui demanda si un chat jaune habitait avec elle.

– Désolée, je n'ai pas de chat, répondit la femme en refermant sa fenêtre.

Fanny se retourna vers ses amis, qui
avaient le visage sombre. Cela faisait vingt 4
minutes que la chasse au trésor était commencée, et les imbattables n'avaient toujours pas trouvé la maison au chat

jaune. Kimberley et Gaspard, eux, avaient déjà dû découvrir le premier indice.

Léo, lui, tâchait de se rappeler où il avait vu une maison avec un chat jaune. Était-ce près de l'église ? Près de la mairie ? Près de l'école ? Soudain, il eut un grand sourire et s'écria :

– Je sais où est la maison que nous cherchons !

Ses copains l'entourèrent et lui demandèrent de dire très vite ce qu'il savait.

– D'accord, répondit Léo. Mais à une condition : je veux être le chef jusqu'à la fin du jeu.

Fanny lui tourna le dos, serra les enveloppes contre son ventre et déclara :

– Non et non, tu ne seras pas le chef.

C'est moi qui commande, pour une fois.

– Alors, nous ne gagnerons jamais, conclut Léo.

Quentin, Barnabé et Manon étaient embarrassés : comment faire comprendre à Fanny qu'elle n'avait pas le choix : pour gagner, elle devait céder sa place à Léo.

– J'ai une idée, dit Quentin : nous allons voter pour élire un nouveau chef.

Barnabé, Quentin et Manon votèrent pour Léo.

– Léo a gagné ! s'écria Quentin.

Fanny se retourna et lança un regard noir aux membres de son clan. Puis elle jeta par terre les enveloppes que lui avait données M. Razulec. Léo les ramassa et fit signe à ses copains de marcher derrière lui. Fanny, elle, suivit les imbattables à distance, l'air boudeur. Elle n'était vraiment pas contente.

Léo s'engagea bientôt dans une petite rue et s'arrêta devant une maison aux volets verts, qui avait un auvent en tuile. Sur cet auvent, se trouvait la statue d'un petit chat jaune.

– J'ai trouvé ! cria Léo avec fierté.

Il appuya aussitôt sur la sonnette de la maison. Peu après, un homme ouvrit sa porte et arriva sur le trottoir.

– Bonjour monsieur, lui dit Léo. Nous participons à un jeu et…

– Oui, je vous attendais, dit l'homme. Voici le premier indice.

Il sortit de l'une de ses poches une feuille

Qui a trouvé la maison au chat jaune ?

de papier sur laquelle il était écrit : « CA ».

– Qu'est-ce que ça peut bien vouloir dire ? lui demanda Barnabé.

– Hélas, je l'ignore, soupira l'homme. Tout ce que je sais, c'est qu'un garçon de votre âge portant des lunettes est venu chez moi il y a cinq minutes environ.

Le garçon à lunettes, c'était Gaspard ! Les imbattables comprirent que le fils de l'instituteur avait de l'avance sur eux. Dès lors, s'ils ne le rattrapaient pas rapidement, ils n'auraient aucune chance de passer deux jours dans le parc d'attractions.

Léo ouvrit l'enveloppe n° 2, en sortit une feuille et lut à haute voix :

« *Le deuxième indice est au sommet d'un poteau planté à 113 pas, à l'ouest des pieds de la statue de Saint-Martin.* »

– Qui connaît cette statue ? demanda Léo à la cantonade. 6

– Elle se trouve près de l'église, répondit Quentin.

– On fonce là-bas ! fit Léo en donnant le signal du départ.

– Ne m'attendez pas ! reprit Quentin, qui ne pouvait pas courir aussi vite que ses copains parce qu'il boitait. Je vous rejoindrai tout à l'heure.

Manon, Fanny, Barnabé et Léo partirent en direction de l'église.

Peu après, ils firent cent treize pas vers l'ouest à partir des pieds de la statue de Saint-Martin. Ils arrivèrent au centre d'une place sur laquelle étaient dressés trois poteaux de sept mètres de hauteur. Au sommet de chaque poteau, un petit panier était accroché. Les participants à la chasse au trésor devaient le décrocher et le ramener sur la place, pour découvrir le second indice.

Gaspard était en train d'escalader un poteau. Barnabé, qui était le plus fort des imbattables, fut désigné pour grimper le long du deuxième poteau.

– Je vais aller le plus vite possible, promit Barnabé, malgré sa peur de tomber dans le vide.

Il commença son ascension, en s'aidant 7
de ses bras et de ses jambes. Soudain, les murènes arrivèrent sur la place et Franck, l'un des membres de cette bande, entreprit

Quel garçon a peur de tomber ?

de monter le long du troisième poteau.

Franck était deux fois plus fort que Barnabé et il rattrapa vite son retard sur celui-ci. Gaspard, lui, venait de décrocher son panier et se laissait maintenant glisser vers le sol. À son tour, Franck décrocha son panier et revint sur la place. Ne restait plus que Barnabé : il était presque arrivé au sommet de son poteau, mais bizarrement il ne bougeait plus. Il avait l'air d'être paralysé.

– Qu'est-ce qui t'arrive? lui cria Léo, intrigué.

– J'ai le vertige, répondit Barnabé en regardant le sol qui était situé à plus de cinq mètres en dessous de lui. J'ai peur de tomber…

Il se mit à trembler et à claquer des dents. Ses copains ne le quittaient pas des yeux. Pendant ce temps, Gaspard et les murènes partaient à la recherche du troisième indice qui leur permettrait de découvrir l'objet mystère.

– J'ai peur de lâcher le poteau et de tomber, balbutia Barnabé, terrorisé.

– Surtout, ne fais pas ça ! hurla Fanny. Sinon tu vas tomber pour de vrai et tu vas te casser les bras et les jambes !

Quentin arriva à ce moment-là et réalisa que quelque chose de grave se passait.

3

– Ne regarde pas en dessous de toi ! cria Fanny à Barnabé. Ferme les yeux et respire bien à fond !

Il fit ce qu'elle lui disait.

– N'aie pas peur, reprit-elle. Il ne t'arrivera rien. Ne pense qu'à une seule chose : la pluie de bonbons qui va te tomber dessus quand tu seras dans le parc d'attractions !

Grâce aux conseils de son amie, Barnabé réussit enfin à dominer sa peur de tomber et il put décrocher le panier.

Puis il se laissa glisser le long du poteau et retrouva les membres de son clan avec un grand soulagement.

Léo prit le panier qui contenait une trentaine de papiers pliés en quatre. Seul l'un d'entre eux renfermait le précieux indice. Aussi Léo renversa-t-il le contenu du panier et les imbattables déplièrent les papiers le plus vite possible.

– J'ai le deuxième indice ! s'écria tout à coup Quentin en brandissant une feuille sur laquelle figurait la lettre : « I ».

– Avec le premier indice cela donne « CAI », dit Manon.

– Qu'est-ce que ça peut bien vouloir dire ? demanda Barnabé.

Personne ne sut quoi répondre.

Léo ouvrit l'enveloppe n° 3 et la lecture
du message qu'elle contenait parut le
bouleverser, car il devint blême. Fanny et 8
Barnabé s'emparèrent de la feuille et blêmirent à leur tour. Manon et Quentin échangèrent un regard angoissé. La nouvelle épreuve qui les attendait avait l'air d'être très difficile.

Quentin prit la feuille des mains de Fanny et lut à haute voix : « *Le troisième et dernier indice se trouve dans les mains de la sorcière.* »

Manon se mordit les lèvres. La sorcière était une vieille femme qui habitait dans une maison en ruine et qui faisait peur à tout le monde. Certains racontaient qu'en croisant son regard, on perdait aussitôt la

En quoi dit-on que la sorcière peut transformer les gens ?

mémoire. D'autres disaient que la toucher rendait gravement malade.

– Il paraît qu'elle peut transformer les gens en grenouille, murmura Barnabé.

– Ou même en singe, ajouta Léo.

Pendant quelques instants, les imbattables restèrent immobiles, tous les cinq préoccupés par une même pensée : lequel, parmi eux, aurait le courage d'approcher la sorcière ?

Fanny rompit le silence et déclara :

– Puisque Léo est le chef, c'est lui qui doit aller parler à la vieille folle.

Mais Léo n'était pas d'accord et il commença à se disputer avec Fanny, qui le traita de « tout petit nain minuscule ». Or Léo détestait par-dessus tout que l'on se moque de sa petite taille et il devint rouge de colère.

– Si vous continuez à vous disputer, nous n'aurons aucune chance de gagner la chasse au trésor ! lança Quentin. Nous avons déjà beaucoup de retard sur les autres équipes.

Fanny et Léo se calmèrent. Puis les membres du clan se dirigèrent vers la maison de la sorcière.

La vieille femme habitait à la sortie de la ville, dans une maison délabrée dont une partie du toit s'était effondrée. On lui 9
avait bien proposé plusieurs fois de la reloger dans un appartement, mais elle avait toujours refusé de quitter sa maison. On disait qu'elle n'avait ni famille, ni

argent, et qu'elle mangeait ce qu'elle trouvait dans les poubelles.

Quand les imbattables arrivèrent près de chez elle, ils virent Gaspard, debout contre un arbre. Le fils de l'instituteur expliqua qu'il avait très peur de s'approcher de la sorcière.

– Où sont Kimberley et ses copains ? lui demanda Quentin.

– Je ne les ai pas vus, répondit Gaspard. Ils doivent être cachés quelque part.

Quentin regarda autour de lui et remarqua qu'un buisson bougeait, comme si quelqu'un s'était caché à l'intérieur.

– Qu'est-ce qu'on fait ? dit Léo.

Il pensait qu'il avait très peu de chance maintenant de voir un jour les dinosaures du parc d'attractions.

Fanny, de son côté, pensait au château hanté qu'elle ne visiterait peut-être pas. Et Barnabé ne verrait sans doute jamais pleuvoir des bonbons… Soudain, Manon eut envie de prouver son courage à ses camarades. Elle se planta devant eux et leur dit avec assurance :

– Je vais y aller.

Suivit un long silence, qu'interrompit Quentin :

– Non, n'y va pas, lui dit-il. C'est trop dangereux. Et j'ai très peur que la sorcière te transforme en grenouille ou en singe…

Mais Manon ne voulut rien savoir. En effet, elle avait pris sa décision et plus rien, désormais, ne la ferait changer d'avis.

Alors Quentin lui recommanda de ne pas regarder la sorcière, et surtout de ne pas la toucher.

– Tu es très courageuse, lui dit Léo.

– Bonne chance, ajoutèrent Fanny et Barnabé.

Manon les remercia avec un petit sourire et s'approcha lentement de la maison de la sorcière, en s'efforçant de ne pas trembler. En réalité, elle tremblait comme une feuille à l'idée des dangers qui la guettaient. Et si la sorcière la retenait prisonnière pour toujours ? À présent, Manon, les mâchoires crispées, avait du mal à avancer. Elle regrettait de s'être proposée pour aller chercher le troisième indice. Pourquoi s'était-elle mise en avant ? Pourquoi avoir voulu impressionner ses copains ?

Elle se retourna vers eux et vit qu'ils lui lançaient de petits signes d'encouragement. Ils comptaient tous sur elle. Elle ne pouvait plus faire marche arrière. La porte était ouverte. Manon frissonna. Elle prit une profonde inspiration et pénétra dans la maison de la sorcière. En ressortirait-elle vivante ?

4

Dès qu'elle eut fait quelques pas à
l'intérieur de la maison, Manon se trouva
plongée dans la pénombre et cela l'effraya 11
beaucoup. Car le danger pouvait surgir de
tous côtés. Elle recula d'un pas, faillit
trébucher et ne bougea plus, persuadée à 12
présent d'avoir perçu un souffle, non loin
d'elle. Était-ce le souffle empoisonné de la
sorcière ?

– Avance de cinq pas droit devant toi, lui ordonna une voix qui lui glaça les os. Et surtout ne te retourne pas.

Qui parle à Manon, dans la maison ?

L'espace d'un court instant, Manon se demanda ce qu'il y avait de mieux à faire : obéir ou partir en courant ?

– J'ai le troisième indice, reprit la voix. Si tu le veux, viens le chercher.

Manon finit par distinguer la silhouette d'une vieille femme. Elle repensa aux conseils de Quentin : « Ne regarde pas la sorcière et ne la touche pas. »

– Je sais à quoi tu penses, poursuivit la voix : je suis folle et dangereuse, n'est-ce pas ?

– Mais pas du tout ! protesta Manon.

– Alors approche, ma petite fille…

Cette fois-ci, Manon avança en direction de la silhouette, derrière laquelle se découpait un carré de lumière, dû à un

trou dans le toit de la maison. Et comme elle avançait, la silhouette alla se placer dans la lumière, de sorte que Manon put bientôt distinguer les traits de la personne 13
qui lui faisait face : celle-ci ressemblait à l'une de ses grands-mères qu'elle aimait beaucoup, et qu'elle n'avait pas vue depuis longtemps.

– Je m'appelle Hélène Verdier, murmura la vieille femme. Cela fait près de vingt ans que personne n'est venu me voir, pas même mes enfants. Ils ont dû m'oublier… Je les aime encore, pourtant…

À nouveau, Manon s'arrêta. Son cœur battait très fort, sous l'effet de l'émotion. Comment des enfants pouvaient-ils abandonner leur mère ?

– Mais je ne leur en veux pas, dit encore la vieille femme. Et je n'en veux pas aux gens qui me traitent de sorcière. Je suis si vieille, si pauvre et si seule… Je n'intéresse plus personne…

Manon, les yeux mouillés, s'approcha de Mme Verdier et la regarda en souriant avec gentillesse.

– Je te remercie d'être venue jusqu'à moi, souffla Mme Verdier. Cela me fait très plaisir. Comment t'appelles-tu ?

– Manon.

– Quel joli prénom ! Mes petites filles doivent avoir ton âge…

– Je reviendrai vous voir, reprit Manon. C'est promis ! Et je dirai à tout le monde qu'on peut vous regarder et vous toucher sans aucun danger ! M. Razulec a eu une bonne idée de me faire venir chez vous.

– Une très bonne idée, en effet. Je l'en remercierai.

Là-dessus, Mme Verdier lui tendit une feuille sur laquelle il était écrit : « MAN ». C'était le troisième indice.

– Man ? s'étonna Manon en se grattant les cheveux.

– Quels sont les deux premiers indices ? dit la vieille femme, pour l'aider.

– CA… I… MAN.

– Cela fait « CAÏMAN », murmura Mme Verdier, en faisant un clin d'œil.

– Un caïman ? s'étrangla Manon. Mais, c'est une sorte de crocodile !

– Dépêche-toi, ma petite fille, si tu veux

que ton équipe gagne la chasse au trésor.

Manon remercia la vieille dame et sortit de sa maison. Mais à peine fut-elle dehors que Kimberley se jeta sur elle et lui tordit un bras dans le dos. Sous l'effet de la douleur, Manon poussa un cri.

– Quel est le troisième indice ? brailla la 14
chef des Murènes. Parle ou je te casse le bras !

Kimberley était vraiment d'une méchanceté épouvantable.

5

– Laisse-la tranquille ! cria une voix.

C'était la voix de la vieille femme, qui avait saisi un balai et se tenait sur le pas de sa porte, en affichant un air méchant.

– C'est la sorcière, balbutia Franck.

– Allons-nous en ! lança Victor.

Kimberley libéra Manon, par crainte d'être transformée en grenouille ou en singe. Les murènes disparurent en courant, bientôt rejoints par Gaspard.

Manon remercia Mme Verdier, puis chercha ses copains des yeux. Elle aperçut le visage de Quentin qui émergeait d'un buisson. Elle marcha vite vers lui et retrouva les imbattables, plus inquiets que jamais.

– La sorcière t'a-t-elle touchée ? lui demanda Fanny.

– La vieille dame n'est pas une sorcière, répondit Manon d'un ton sec. Mais, je vous expliquerai plus tard. Maintenant, je connais l'objet mystère : c'est un caïman !

– Un caïman, répétèrent ses amis. Mais… c'est comme un crocodile !

Dès lors, chaque membre des imbattables se posa la même question, avec un sentiment d'angoisse : de quelle façon le clan allait-il s'y prendre pour ramener une bête aussi dangereuse à M. Razulec ?

D'après les imbattables, que faut-il capturer pour gagner la chasse au trésor ?

Faudrait-il la tirer en laisse avec une corde très solide tout en l'empêchant d'ouvrir la gueule ?

Léo déchira la dernière enveloppe et lut à haute voix le texte qu'elle contenait : « *L'objet mystère se trouve dans le château d'une comtesse.* »

– Dans le château d'une comtesse ? répéta Barnabé en écarquillant les yeux.

– Qui connaît une comtesse ? demanda Léo.

– Derrière chez moi, il y a un château qui a appartenu à la comtesse Du Barry, répondit Manon. Elle vivait au temps du roi Louis XV.

– On y va ! s'écrièrent Fanny et Léo, qui se disputaient à nouveau la place de chef.

Quentin, malgré sa jambe qui boitait, faisait tout ce qu'il pouvait pour suivre ses copains sans leur faire perdre trop de temps. Pour se donner du courage, il pensa qu'il allait peut-être bientôt monter dans une vraie fusée qui décolle. Mais avant cela… il fallait capturer un caïman !

Bientôt les imbattables arrivèrent devant de très hautes grilles derrière lesquelles ils virent, au bout d'une longue allée recouverte de mauvaises herbes, un petit château en pierre blanche. L'endroit paraissait abandonné.

– Il n'y a personne dans le château, dit Manon.

– Tant mieux, soupira Barnabé. Mais par où entre-t-on ? Ces grilles sont bien trop hautes pour être escaladées.

Les membres du clan décidèrent de longer le mur bordant le château, à la recherche d'un passage. Soudain, Fanny s'exclama :

– Regardez !

Elle montra du doigt un endroit où le mur s'était effondré.

Léo et Fanny pénétrèrent alors dans un parc laissé à l'abandon. Quentin, Manon et Barnabé les suivirent, et le petit
groupe, aux aguets, s'approcha du château 16
de la comtesse Du Barry.

Tous se blottirent ensuite contre une immense porte en bois qui ne demandait
qu'à s'ouvrir tellement elle était vermoulue. 17

– Pourvu que le caïman ne nous saute

pas dessus, murmura Fanny, le teint pâle. Il pourrait nous mordre très fort avec ses grandes dents pointues.

– Qui ouvre la porte du château ? demanda Manon.

– Moi, répondit Léo.

– Et moi, je regarde à l'intérieur pour voir où se trouve la bête, ajouta Barnabé.

Léo ouvrit lentement la porte en bois et
Barnabé se pencha par l'entrebâillement. 18

– Je ne vois rien, chuchota-t-il après un temps. Le caïman doit se cacher dans un coin.

– Laissez-moi faire, dit brusquement Quentin avec autorité.

Et d'un pas décidé, il entra dans le
château. 19

Ses amis, stupéfaits par son comportement, échangèrent un regard.

– Il est devenu fou ? demanda Fanny.

Ses copains haussèrent les épaules. Puis dix secondes s'écoulèrent avant que Quentin ne s'écrie :

– J'ai trouvé le caïman ! Il est là, devant moi. Venez vite !

6

Un caïman en peluche circula de main en main. Il était très doux et mignon.

– Ce n'était que ça ! lâcha Barnabé.

– Eh oui, fit Quentin, souriant. Tout à coup, je me suis dit que M. Razulec ne pouvait pas nous demander de lui ramener un vrai caïman. Il ne pouvait donc s'agir que d'un jouet…

– Tu es très malin, reconnut Léo.

Les imbattables sortirent du château de la comtesse et tombèrent nez à nez avec Kimberley et sa bande. Manon tenait la peluche. Kimberley, menaçante, s'avança vers elle et lui dit :

– Maintenant que la sorcière n'est plus là pour te défendre, donne-moi l'objet mystère !

Manon serra la peluche dans ses bras. Kimberley s'arrêta tout près d'elle et lui montra son poing. Alors Manon, craignant de recevoir un coup, lança le caïman à son ami Quentin. Celui-ci se mit à courir en direction du passage dans le mur du château. Franck et Victor le rattrapèrent facilement et le plaquèrent aux jambes pour le faire tomber. Par chance, juste avant de perdre l'équilibre, Quentin eut le temps de lancer la peluche à Barnabé, qui la saisit du bout des doigts et courut droit

Qui a lancé l'objet mystère à Barnabé ?

devant lui. Les murènes, à ses trousses, 20
poussèrent des cris de bêtes sauvages pour
l'effrayer.

Barnabé sortit du parc et gagna la petite
rue qui longeait le château. Il courait avec
la peur au ventre, car il avait l'impression
qu'une meute de loups le traquaient.
C'était terrible et angoissant. Sa gorge le
brûlait. Bientôt, il eut une crampe et dut 21
ralentir son allure. Franck put le rattraper
et lui fit un croche-pied. Barnabé s'étala de
tout son long et lâcha la peluche, que des
mains se disputèrent avec acharnement.
Celles de Fanny parvinrent à s'en saisir in
extremis.

– Bravo ! cria Léo, qui se trouvait non
loin d'elle.

Fanny se releva, réussit à échapper à Victor et s'élança vers l'école, le caïman bien coincé sous son bras.

Elle courut avec rage, comme poussée en avant par le souffle de Kimberley qu'elle sentait sur son cou, pareil au souffle d'un dragon. « Surtout ne pas tomber », se répéta-t-elle plusieurs fois. Elle évita une poubelle et s'engagea sous un pont de chemin de fer. Il ne lui restait plus qu'une cinquantaine de mètres à parcourir et elle toucherait au but. Fanny repensa au château hanté qu'elle allait pouvoir visiter…

Soudain, Gaspard se dressa devant elle et elle le percuta de plein fouet. Le choc fut rude. Fanny tomba.

– Merci beaucoup, ricana Gaspard en s'emparant du caïman.

Il tourna les talons et s'apprêta à foncer vers l'école en vainqueur. Ainsi ce serait lui qui gagnerait le droit d'aller passer deux jours de rêve dans le parc d'attractions.

– C'est trop injuste, dit Fanny, assise sur le trottoir.

Mais Gaspard ne put pas aller loin, car les murènes, Léo, Manon, Barnabé et Quentin lui barrèrent le chemin menant à la victoire.

– Vous n'avez pas le droit de me frapper ! lança-t-il à la cantonade. Sinon, je le dirai à mon père et vous serez tous punis !

– Je m'en moque, marmonna Kimberley en grimaçant. Tu vas me donner cette

Qui a gagné la chasse au trésor ?

peluche ou je demande à ma bande de te réduire en bouillie.

Gaspard pâlit tandis que la redoutable chef des murènes marchait vers lui, les dents serrées. Qu'allait-il faire ? Pleurer ? Hurler ? Fuir ? Il ne fit rien de tout cela et lança le caïman à Léo, qui le saisit en plein vol et partit en courant vers l'école.

Franck, Victor et Kimberley tentèrent à plusieurs reprises de l'intercepter, mais 22
chaque fois, grâce à sa petite taille, Léo réussissait à leur échapper. Il était insaisissable. Ses amis l'encourageaient de toutes leurs forces. Et après une course endiablée, Léo, hors d'haleine, donna le caïman à M. Razulec.

– L'équipe des imbattables a remporté

la chasse au trésor ! annonça l'instituteur.

Manon, Barnabé, Fanny, Quentin et Léo levèrent les bras en signe de victoire, sous le regard sombre des murènes. Gaspard s'approcha d'eux et les félicita.

– Pourquoi m'as-tu lancé la peluche ? lui demanda Léo.

– Je préférais vous voir gagner, répondit Gaspard. Les murènes sont trop méchants.

Après cela, M. Razulec remit aux vainqueurs les invitations pour le parc d'attractions.

– J'ai hâte de voir les dinosaures ! dit Léo.

– Moi, j'ai hâte de monter dans la vraie fusée qui décolle, dit Quentin.

– Et moi, j'attends la pluie de bonbons avec impatience, ajouta Barnabé.

Fanny, elle, rêvait de se promener dans le château hanté. Elle aimait beaucoup se faire peur.

– Demain matin, nous irons dans le parc d'attractions ! fit Manon. Mais pour le moment, nous avons quelque chose à faire.

– Quoi ? demanda Fanny.

– Suivez-moi, reprit Manon. Je vais vous présenter quelqu'un…

Et c'est ainsi que les imbattables s'en allèrent rendre visite à la vieille femme qui vivait seule, loin de sa famille.

Mme Verdier fut si heureuse de les voir arriver qu'elle en pleura de joie.

1
un **indice**
Un renseignement qui aide à trouver la solution d'un problème.

2
écarquiller les yeux
Ouvrir grand les yeux.

3
une **déception**
Quand on est triste, déçu, parce que ça ne va pas comme on veut.

4
un visage **sombre**
Un visage préoccupé, inquiet.

5
un **regard noir**
Un regard méchant.

6
à la cantonade
À tous ceux qui sont là.

7
une **ascension**
Une montée, une escalade.

8
blême
Très pâle.

9
effondré
Écroulé, tombé.

10
impressionner
Agir pour qu'une personne pense du bien de nous.

11
la **pénombre**
Une lumière très faible.

12
trébucher
Faire un faux pas et manquer de tomber.

13
les **traits** d'une personne
Son visage.

14
brailler
Hurler, crier très fort.

15
émerger du buisson
Sortir du buisson.

16
aux aguets
En surveillant très attentivement.

17
vermoulu
Très usé.

18
l'**entrebâillement** de la porte
Quand la porte est un peu ouverte.

19
stupéfait
Très étonné.

20
à ses trousses
À sa poursuite.

21
une **crampe**
Une douleur dans un muscle.

22
intercepter
Attraper au passage, par surprise.

Les aventures du rat vert

- 1 Le robot de Ratus
- 3 Les champignons de Ratus
- 6 Ratus raconte ses vacances
- 8 Ratus et la télévision
- 15 Ratus se déguise
- 19 Les mensonges de Ratus
- 21 Ratus écrit un livre
- 23 L'anniversaire de Ratus
- 26 Ratus à l'école du cirque
- 29 Ratus et le sapin-cactus
- 36 Ratus et le poisson-fou
- 40 Ratus et les puces savantes
- 46 Ratus en ballon
- 47 Ratus père Noël
- 50 Ratus à l'école
- 54 Un nouvel ami pour Ratus
- 57 Ratus et le monstre du lac
- 1 Ratus chez le coiffeur
- 2 Ratus et les lapins
- 9 Ratus aux sports d'hiver
- 13 Ratus pique-nique
- 23 Ratus sur la route des vacances
- 27 La grosse bêtise de Ratus
- 38 Ratus chez les robots
- 41 Ratus à la ferme
- 46 Ratus champion de tennis
- 56 Ratus et l'œuf magique
- 60 Ratus et la barbu turlututu
- 8 La classe de Ratus en voyage
- 12 Ratus en Afrique
- 16 Ratus et l'étrange maîtresse
- 26 Ratus à l'hôpital
- 29 Ratus et la petite princesse
- 31 Ratus et le sorcier
- 33 Ratus gardien de zoo
- 47 En vacances chez Ratus

Les aventures de Mamie Ratus

- 7 Le cadeau de Mamie Ratus
- 39 Noël chez Mamie Ratus
- 3 Les parapluies de Mamie Ratus
- 8 La visite de Mamie Ratus
- 31 Le secret de Mamie Ratus
- 5 Les fantômes de Mamie Ratus

Ralette, drôle de chipie

- 10 Ralette au feu d'artifice
- 11 Ralette fait des crêpes
- 13 Ralette fait du camping
- 18 Ralette fait du judo
- 22 La cachette de Ralette
- 24 Une surprise pour Ralette
- 28 Le poney de Ralette
- 38 Ralette, reine du carnaval
- 45 Ralette, la super-chipie !
- 51 Joyeux Noël, Ralette !
- 56 Ralette, reine de la magie
- 4 Ralette n'a peur de rien
- 6 Mais où est Ralette ?
- 20 Ralette et les tableaux rigolos
- 44 Les amoureux de Ralette
- 48 L'idole de Ralette
- 11 Ralette au bord de la mer
- 34 Ralette et l'os de dinosaure

Les histoires de toujours

- 27 Icare, l'homme-oiseau
- 32 Les aventures du chat botté
- 35 Les moutons de Panurge
- 37 Le malin petit tailleur
- 41 Histoires et proverbes d'animaux
- 49 Pégase, le cheval ailé
- 26 Le cheval de Troie
- 32 Arthur et l'enchanteur Merlin
- 36 Gargantua et les cloches de Notre-Dame
- 43 La légende des santons de Provence
- 49 Les malheurs du père Noël
- 52 À l'école de grand-père
- 21 L'extraordinaire voyage d'Ulysse
- 27 Robin des Bois, prince de la forêt
- 36 Les douze travaux d'Hercule
- 40 Les folles aventures de Don Quichotte
- 46 Les mille et une nuits de Shéhérazade
- 49 La malédiction de Toutankhamon
- 50 Christophe Colomb et le Nouveau Monde

Super-Mamie et la forêt interdite

- 42 Super-Mamie et le dragon
- 43 Le Noël magique de Super-Mamie
- 44 Les farces magiques de Super-Mamie
- 48 Le drôle de cadeau de Super-Mamie
- 59 Super-Mamie et le coiffeur fou
- 39 Super-Mamie, maîtresse magique
- 42 Au secours, Super-Mamie !
- 45 Super-Mamie et la machine à rétrécir
- 50 Super-Mamie, sirène magique
- 57 Super-Mamie, dentiste royale
- 37 Le mariage de Super-Mamie
- 39 Super-Mamie s'en va-t-en guerre !

L'école de Mme Bégonia

- 11 Drôle de maîtresse
- 14 Au secours, le maître est fou !
- 16 Le tableau magique
- 25 Un voleur à l'école
- 33 Un chien à l'école
- 47 Bonjour, madame fantôme !

La classe de 6^{e}

- 14 La classe de 6e et les hommes préhistoriques
- 17 La classe de 6e tourne un film
- 24 La classe de 6e au Futuroscope
- 30 La classe de 6e découvre l'Europe
- 35 La classe de 6e et les extraterrestres
- 42 La classe de 6e et le monstre du Loch Ness
- 44 La classe de 6e au Puy du Fou
- 48 La classe de 6e contre les troisièmes

Collection Ratus Poche

Collection Ratus Poche

Les imbattables

- 54 La rentrée de Manon
- 58 Barnabé est amoureux !
- 55 Le chien de Quentin
- 61 Le courage de Manon

Baptiste et Clara

- 30 Baptiste et le requin
- 35 Baptiste et Clara contre le vampire
- 37 Baptiste et Clara contre le fantôme
- 40 Clara et la robe de ses rêves
- 51 Clara et le secret de Noël
- 53 Les vacances de Clara
- 59 Clara fait du cinéma
- 22 Baptiste et Clara contre l'homme masqué
- 32 Baptiste et le complot du cimetière
- 38 Clara superstar
- 41 Clara et le garçon du cirque
- 43 Clara, reine des fleurs
- 45 Clara et le cheval noir

Les enquêtes de Mistouflette

- 9 Mistouflette et le trésor du tilleul
- 30 Mistouflette sauve les poissons
- 34 Mistouflette et les chasseurs
- 5 Mistouflette et les tourterelles en danger
- 24 Mistouflette enquête au pays des oliviers
- 1 Mistouflette contre les voleurs de chiens
- 7 Mistouflette et la plante mystérieuse

Francette top secrète

- 52 Mystère à l'école
- 53 Drôle de momie !
- 55 Mission Noël
- 58 Enquête à quatre pattes

Conception graphique couverture : Pouty Design
Conception graphique intérieur : Jean Yves Grall • mise en page : Atelier JMH

Imprimé en France par Pollina, 84500 Luçon - n° L47407
Dépôt légal n° 107083 - juillet 2008